IBLIOTHEQUE DE SOUVENIRS & RECITS MILITAIRES

LES PHILADELPHES

PAR

CHARLES NODIER

(Avec Gravures)

15c. LE VOLUME

HENRI GAUTIER

55, Quai des Grands-Augustins, PARIS

Il paraît un Volume par semaine.

969 - 1255

Bibliothèque de Souvenirs et Récits Militaires

Directeur : Paul Gaulot.

CONDITIONS DE VENTE :

CHEZ TOUS LES LIBRAIRES MARCHANDS DE JOURNAUX ET DANS LES GARES

Le Volume : 15 Centimes

Franco par la poste en s'adressant à M. HENRI GAUTIER, 55, QUAI DES GRANDS-AUGUSTINS, PARIS

1 Volume. . . 20 c. | 2 Volumes. . 35 c
Vingt-Cinq Volumes. . 4 francs.

VOLUMES EN VENTE :

1 Général Baron Thiébault. — **D'Ulm à Austerlitz.**
2 S. M. I. Alexandre III. — **Sébastopol.**
3 Jules Claretie, de l'Acad. française. — **Paris assiégé**, *Champigny, Buzenval.*
4 Général Rapp. — **Le Siège de Dantzig.**
5 Le Gendarme Méda, l'Adjudant général Ramel — **Thermidor et Fructidor** (Récits de témoins oculaires).
6 Gœthe — *La Campagne de France*, **Valmy.**
7 Maurice de Saxe. — **Mes Rêveries**, *L'Armée de l'avenir.*
8 Général de Brandt. — **Aventures d'un Polonais** *au service de la France* (Guerre d'Espagne).
Mlle de Montpensier. — *La Fronde* : **Le Combat du Faub. St-Antoine.**
10 Henri Chevalier. — **Exploits du Corsaire Tom Souville.**
11 Ctesse de la Bouère. — **La Vendée en Armes.**
12 Capitaine Aublet. — **La Guerre noire.** *Campagne du Dahomey.*
13 Paul Gaulot. — **Les derniers jours de Maximilien** (*Mexique*).
14 Henry Houssaye (de l'Acad. française). — **La Bataille de Paris en 1814.**
15 Un Officier de la 3e demi-brigade. — **Les Héros en Guenilles** (*Lodi, Arcole, Rivoli*).
16 W.-H. Prescott. — **La Conquête du Pérou** I. *L'Empire des Incas et la marche en avant de François Pizarre.*
17 W.-H. Prescott. — **La Conquête du Pérou.** II. *Capture et Supplice de l'Inca. Triomphe de Pizarre.*
18 E.-A. Spoll. — **Metz.** *Souvenirs de* 1870.
19 Vice-Amiral Jurien de La Gravière. — **Les Voyages d'Anthony Jenkinson.**
20 Cte Jean Axel de Fersen. — **La Guerre d'Amérique** (1780-1783).
21 L.-F. Gille. — **Les Prisonniers de Cabrera**
22 Alfred Duquet. — **La Bataille de Solférino.**
23 Paul Ginisty. — **Aux Grandes Manœuvres.** *Notes d'un réserviste.*
24 Un Officier de la 32e demi-brigade. — **Les Français en Egypte.**
25 Un Officier de la 32e demi-brigade. — **Bonaparte en Syrie.**
26 Schiller. — **La Mort de Gustave-Adolphe**
27 Rœderer. — **Le Peuple aux Tuileries** *Journée du 20 juin* 1792.
28 Jules César. — **La Conquête des Gaules**
29 Commandant Rousset. — **La Victoire de Coulmiers.**
30 Général Mathieu Dumas. — **Essling et Wagram.**
31 Edmond Neukomm. — **Sadowa** *d'après les carnets du prince royal de Prusse.*
32 Maurice Loir. — **L'Amiral Courbet en Extrême-Orient.**
33 Marquis de Vogüé (*de l'Institut*). — **La Bataille de Malplaquet.**
34 Comte Léo Tolstoï. — **Tableaux de la Campagne de Russie (1812).**
35 Alexandrine des Écherolles. — **Un épisode du Siège de Lyon.**
36 Aug. Thierry. — **La Bataille d'Hastings.**
37 Ernest Louet. — **Pèlerinage militaire à Jérusalem** (Expédition de Syrie 1860).
38 Lucien Bonaparte Prince de Canino. — **La Révolution de Brumaire.**
39 Schiller. — **La fin tragique de Wallenstein**
40 Général baron Declard. — **La dernière Campagne de Souwarow.**
41 L. A. Lepelletier. — **Souvenirs d'un Artilleur** (1783-1740)
42 Marquis de Vogüé (*de l'Institut*). **La Bataille d'Oudenarde.**
43 L. Couailhac et V. Fleury. **La Campagne d'Austerlitz.**
44 Tite-Live. **L'Invasion Carthaginoise.**
45 E. D. E. **Wattignies.**
46 Comm. Rousset. **Les Marins et les Corps Francs en 1870-71.**
47 Félix Bouvier. **L'Invasion dans les Vosges en 1814.**
48 Capitaine Perreau. **Catinat et la défense du Dauphiné en 1692.**
49 Dulaure. **La proscription des Girondins**
50 Comte de Langeron. *Souvenirs d'un Emigré* : **La bataille de Leipzig.**
51 Voltaire. **La bataille de Fontenoy.**
52 Gal Lejeune. **Iéna, Eylau et Friedland.**
53 Marquis de Vogüé (*de l'Institut*). **La Victoire de Denain.**
54 Général Rapp (Aide de camp de l'Empereur). **La Grande Armée en Russie. De Dantzig à Moscou.**
55 Général Rapp (Aide camp de l'Empereur). **La Grande Armée en Russie. La Retraite**
56 Comte H. d'Ideville. **La Prise de la Smalah d'Abd el Kader.**
57 Racine. — **La Guerre de Hollande.**
58 Le Gal Bogdanovitch. — **L'intervention Européenne en Grèce. Blle de Navarin.**
59 E. Bertrand, lieutenant de vaisseau. — **Les Marins de la Garde.**
60 E. Duboc, lieut. de vais. en ret. — **La Mort héroïque du Commandant Rivière.**
61 Hérodote. — **Les Thermopyles et Salamine.**

Il suffit d'indiquer le numéro des Volumes qu'on désire, sans donner le titre.

CHARLES NODIER

Charles Nodier naquit à Besançon en 1780. Fils d'avocat, il n'eut cependant aucune vocation pour le barreau, et, dès l'âge le plus tendre, il manifesta un goût très vif pour la littérature.

Le jeune écrivain était certes doué de talent, mais parmi ses qualités la plus saillante était l'imagination, et c'est celle-ci qui eut sur sa vie comme sur ses écrits une influence prépondérante.

Dès 1792, il avait alors à peine douze ans, il s'enflamma pour les belles théories de la Révolution commençante, et fit même partie d'une des plus fougueuses sociétés populaires, celle des *Amis de la Constitution*, qui venait de se créer dans Besançon. Les excès de la Terreur ne tardèrent pas à dissiper ses juvéniles illusions, et le gâchis, qui succéda aux excès sanglants, le poussa à rêver d'un ordre idéal établi par un homme de génie.

Il fut servi à souhait dans son opinion du moment; le général Bonaparte paraissait sur la scène du monde et se plaçait au premier rang. Qui, mieux que lui, pouvait restaurer l'ordre social si profondément ébranlé? Mais chez Nodier les impressions étaient fugitives; la réalité ne répondait pas à ce qu'il avait rêvé, et, comme il ne voyait point accomplir toutes les espérances enfantées par son imagination, il brûlait promptement l'idole qu'il avait un instant adorée.

Bonaparte devint l'objet de sa haine, et ses convictions politiques s'affirmèrent par une chanson : il composa alors, pendant le Consulat, la *Napoléone*, dans laquelle il traitait le grand homme avec les sentiments d'une âme à la fois royaliste et républicaine, c'est-à-dire en l'espèce doublement haineuse.

Heureusement pour lui, Fouché, le ministre de la police d'alors, sut se montrer indulgent et se borna à réprimander l'auteur de la *Napoléone*, qui n'en obtint pas moins une chaire de littérature à Dôle, par la protection de J. Debry, préfet du Doubs, et plus tard la place de bibliothécaire à Leybach, par la protection de Fouché.

Nodier vit avec joie les événements de 1814 et plus encore ceux

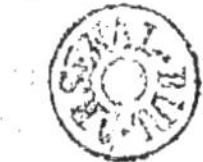

de 1815, qui consommaient la ruine de l'homme qu'il détestait, et ramenaient en France les Bourbons, en qui il voyait les restaurateurs de l'ordre, du calme, de la paix.

C'est à ce moment qu'il composa son grand ouvrage sur *Les Sociétés Secrètes de l'Armée*, ouvrage dont nous avons tiré les deux extraits qui suivront : 1° *Les Philadelphes* ; 2° *Les Conspirations militaires contre Bonaparte.*

Nodier qualifie d'historique cet essai, et, par certains côtés, il est exact de dire qu'il touche à l'histoire. Toutefois, ainsi que l'écrivait Mérimée, « Nodier s'était accoutumé, dans la solitude, à vivre parmi les créations de sa fantaisie comme au milieu des réalités. »

L'Histoire des Sociétés secrètes de l'Armée porte très marquée cette empreinte : « C'est un amalgame de beaucoup de fictions et d'un peu de vérité. »

Sans doute, après les temps troublés que la France avait traversés, il était resté dans les cerveaux surexcités bien des idées bizarres, bien des espoirs chimériques, épaves des rêves généreux éclos au premier souffle de 1889. De là, chez certains individus, le désir de ramener dans les faits les conceptions de leur idéal détruit ; de là, des conciliabules, des réunions, peut-être même des sociétés secrètes, dont le mystère a tant d'attraits pour les imaginations dévoyées. Nodier connut vaguement des aspirations de ce genre, et sa tête, travaillant sur ce sujet conforme à ses pensées habituelles, élucida, coordonna, en un mot, fabriqua toute une histoire sur des bases que, de bonne foi assurément, il croyait solides.

Des personnages qu'il cite, quelques-uns ont existé, et joué un rôle fort différent toutefois de celui qu'il leur attribue : ainsi Moreau, ainsi Pichegru, Georges Cadoudal, Malet, Lahorie, etc. D'autres n'ont jamais existé, ou, du moins, leur existence n'a jamais été établie ; ainsi Oudet, ce conspirateur idéal, ce héros paré de trop de vertus pour avoir jamais été un héros humain.

La part ainsi faite à la fiction, et une part fort large, comme on le voit, le récit de Nodier est intéressant, d'abord parce qu'il est écrit dans une bonne langue, et ensuite parce qu'il reflète un double état d'esprit, celui de ces soldats hostiles à Napoléon, malgré son génie militaire, et celui de littérateurs qui ne peuvent admettre, ni comprendre peut-être, ce grand homme d'action. C'est pour ces motifs que nous lui donnons l'hospitalité dans la collection des *Récits militaires*, et l'on n'oubliera pas, en le lisant, les réserves trop légitimes dont nous entourons cette publication.

Nodier fut donc heureux de la Restauration, mais là encore il éprouva ses éternelles désillusions, et reprit son rôle d'opposant. Il écrivit alors le *Dernier banquet des Girondins* et *Mademoiselle de Marsan*, où il fait l'éloge des *Carbonari*.

Bibliothécaire de l'Arsenal depuis 1824, il sut rassembler autour de lui les jeunes gens de talent qui devaient créer le mouvement romantique. Il fut élu à l'Académie Française en 1833. Il est mort à Paris en 1844.

Paul Gaulot.

LES SOCIÉTÉS SECRÈTES DE L'ARMÉE

Les Philadelphes

PAR

CHARLES NODIER

I

Origine des Philadelphes. — Le général Malet. — Le colonel Oudet. — Portrait de ce premier chef de la conspiration des Philadelphes.

L'OPINION n'est pas bien assise sur la première origine de la société des Philadelphes (1). Comme celle de toutes les sociétés secrètes, elle est entourée de ténèbres, et peut-être de mensonges. S'il faut en croire cependant la plus simple des traditions, qui est par conséquent la plus probable, elle fut créée dans une de nos provinces de l'Est, par quelques amis près de se séparer, et qui voulurent laisser entre eux ce lien mystérieux.

A l'époque de l'avènement de Bonaparte au consulat, le général Malet résidait, comme adjudant-général, dans la ville de Besançon, que les Philadelphes nomment entre eux Philadelphie, soit parce qu'ils la regardent comme le berceau de l'institution, soit parce qu'elle en a été longtemps le chef-lieu. Malet ne pouvait avoir aucun rapport avec les Philadelphes, qui étaient de très jeunes gens, calmes de mœurs, neutres d'opinion, et fort étrangers à toutes les grandes querelles qui divisaient alors la France, quoique fort propres, par leur sensibilité expansive et la vivacité de leur imagination, à s'en mêler activement. Malet, que l'histoire connaîtra peu, parce qu'il n'a joué sur le théâtre du monde qu'un rôle d'un

1. Le mot philadelphe composé de deux mots grecs signifie « qui aime ses frères ».

moment, n'avait qu'une qualité qui l'élevât remarquablement au-dessus de la médiocrité; mais il la portait à un tel point qu'il y a peu de grands hommes qui ne la lui eussent enviée : c'était une inflexibilité de principes, une rigidité de volonté qui ne se laissait plier à aucun événement, et qui réagissait contre tous les événements contraires, sans aucune acception d'intérêt personnel. Malet, né bon gentilhomme (1), mais jacobin par principes, car il était incapable de l'être par spéculation, s'était obstiné dans ses opinions, en raison du danger qu'il y avait à les professer. Il ne les discutait jamais avec personne, mais il les établissait arbitrairement, toutes les fois que l'occasion s'en présentait, quelque périlleuse qu'elle fût; il les exprimait avec une indépendance si tranchante, et, j'ose le dire, si tyrannique, qu'il laissait deviner, sous des formes toutes républicaines, un des caractères les plus despotiques et les plus absolus que la nature ait formés. C'était un homme sévère jusqu'à la rudesse, d'ailleurs plein de désintéressement et d'honneur, quoique Bonaparte ait voulu en faire croire, quand il le rappela du commandement de Rome.

Malet n'était peut-être pas ambitieux, mais il avait besoin de subjuguer, de dominer l'opinion, d'être considéré, et même d'être craint. La société des Philadelphes, encore timide, et pour ainsi dire ingénue, mais composée d'une soixantaine d'adolescents obscurs, lui aurait à peine paru digne d'être soumise à cette espèce d'ambition morale dont son esprit était possédé, même quand elle lui aurait été connue alors; mais Malet n'avait pas l'œil pénétrant qui peut deviner dans un groupe d'enfants ignorés, sur un des points les plus reculés d'un empire immense, les éléments sûrs qui en amèneront un jour la chute et la réorganisation. Il fallait pour cela la perspicacité du génie, jointe à tout le charme dont la séduction habile peut s'armer; il fallait le prestige de la jeunesse, de l'esprit, de la beauté, de la gloire; et le hasard avait suscité tant de moyens, avait réuni tant de facultés diverses, et quelquefois opposées, dans le premier adjoint de Malet, je veux parler de Jacques-Joseph Oudet, surnommé Philopœmen.

Prononcer le nom d'Oudet devant l'armée française, c'est lui rappeler un de ses officiers les plus intrépides et les plus brillants. Cependant son souvenir est perdu pour l'histoire, et je n'espère pas moi-même que ces pages fugitives doivent un jour le lui retracer. Si le colonel Oudet avait survécu d'un an à la bataille de Wagram, la face du monde était changée. Mort à Wagram, son court passage sur la terre n'a laissé de traces que dans le cœur de quelques amis (2).

Jacques-Joseph Oudet était né sur les montagnes du Jura, d'une

1. Claude-François de Malet naquit à Dôle en 1754.

2. L'histoire n'a conservé aucun souvenir du colonel Oudet, par la raison que ce personnage est de l'invention de Nodier.

famille d'agriculteurs très aisés. Il avait reçu l'éducation d'un homme bien né, et ses merveilleuses dispositions avaient fait le reste. La nature en le formant, le destinait à tout ce qu'il y a de bon et de beau. Il aurait été, à son choix, poète, orateur, tacticien, magistrat : l'armée entière l'a proclamé brave; personne ne l'a égalé en éloquence; il faudrait l'âme d'un ange pour se faire une idée de sa bonté, si on ne l'avait pas connu. Jamais on n'a rassemblé des qualités si contrastées et cependant si naturelles; il avait la naïveté d'un enfant et l'aisance d'un homme du monde; de l'abandon comme une jeune fille sensible, de la fermeté comme un vieux Romain; de la candeur et de l'héroïsme. C'était le plus actif et le plus insouciant des hommes; paresseux avec délices, infatigable dans ses entreprises, immuable dans ses résolutions; doux et sévère, folâtre et sérieux, tendre et terrible, Alcibiade et Marius.

Le siècle commençait avec le despotisme qui a pesé sur nous quatorze ans. Oudet en avait vingt-cinq, une taille élégante et bien prise, une tournure noble et martiale, une figure charmante et cependant énergique, dont le jeu de la physionomie la plus mobile augmentait encore l'expression. A cet âge, il jouissait déjà de la renommée des preux. Officier franc dans la Vendée, il y commença sa carrière avec gloire; depuis, lieutenant-colonel, ou comme on le disait alors, chef de bataillon dans une brigade fameuse, il comptait ses exploits par les combats où il s'était trouvé; deux fois son bras droit avait été percé d'une balle; un biscaïen lui avait fracassé la cuisse; une balafre, qui ajoutait à la grâce de son sourire, lui effleurait verticalement les deux lèvres : les soldats racontaient ses actions, les officiers conservaient ses paroles. Renversé à San Bartolomeo par un plomb brûlant, les grenadiers croisent leurs fusils pour lui en faire une litière et le transporter à l'hôpital. « Camarades, » s'écrie-t-il, « que faites-vous? l'ennemi « est là! » — « Si nous n'enlevons votre corps, » lui dit un vieux sergent, « il restera à l'ennemi. » — « Repoussez l'ennemi, » répliqua Oudet mourant, « et mon corps ne lui restera pas. » — Il échappe à cette blessure comme par miracle, et c'est lui qui dit, trois mois après, à Bonaparte effrayé : « Montre-moi ton visage, afin que je « m'assurer encore si c'est bien Bonaparte qui est revenu d'Égypte « pour asservir son pays. » Vingt traditions du même genre l'entouraient déjà, et lui donnaient une solennité historique, comme à un brave des temps anciens. C'est cependant le seul héros peut-être qui ait gagné encore aux yeux de son valet de chambre. L'habitude d'une grande pensée, le sentiment d'une grande destination, le besoin d'une considération digne de lui, l'avaient tellement identifié avec son personnage idéal, qu'il le jouait naturellement partout. Sa vie privée était romanesque sans efforts, théâtrale sans affectation. Il ne se serait jamais rien permis avec lui-même qui l'eût fait déroger à la dignité d'un homme exposé à tous les yeux; mais cette dignité ne lui coûtait rien et ne blessait en rien les autres : elle était naïve et, pour mieux dire, involontaire. C'était l'allure de son caractère et de son esprit. Elle ne lui interdisait pas d'ailleurs la familiarité la plus communicative, les épanchements les plus affectueux; mais, quand il arrivait à ce point, l'âme la plus sèche lui en savait gré, parce qu'il avait l'air de se faire homme par complaisance. Cette peinture, faite de souvenir, à six ans et à quatre cents lieues de son tombeau, sera sans doute taxée d'exagération par le grand nombre des lecteurs qui n'ont pas vu Oudet, mais ce ne sera ni dans la Franche-Comté, ni dans la Bretagne, ni dans le Béarn, ni dans les régiments où il a servi, ni dans ceux qu'il a commandés.

Je ne prétends pas avancer d'ailleurs qu'Oudet ait été sans défauts. Il est le seul, le véritable héros de mes récits, et s'il avait vécu, il aurait obscurci une grande partie des héros que nous offrirons à la postérité. Mais cet amour exalté de la vertu et de la gloire qui remplissait son âme, ne la remplissait pas exclusivement. Je dois le dire cependant, ses défauts n'étaient pas tels qu'il n'eût pu triompher de chacun et de tous; il y en avait de certains qu'il tolérait en quelque sorte, parce qu'ils pouvaient servir à l'accomplissement de ses vues, ou du moins les déguiser au vulgaire des observateurs, qui ne pénètre pas au-dessous de la superficie des caractères. Il y en avait d'autres auxquels il ne cédait que pour occuper son activité, quand elle n'avait pas d'autre aliment. Il y en avait enfin qu'il se faisait à dessein, et qui rentraient dans la classe des tics ou des manies.

Oudet n'avait pas été l'ami de Bonaparte : deux caractères pareils ne pouvaient se rapprocher en aucune manière; mais il l'avait vu souvent à l'espèce de cour du dictateur Barras, où le hasard l'avait porté. Il avait pu apprécier l'homme qui se chargeait des destinées de la France. Il savait, à n'en point douter, que Bonaparte avait le pouvoir absolu en vue, et qu'il ne s'en démettrait ni pour les souverains légitimes, ni pour le peuple. Il croyait donc qu'il était du plus grand intérêt pour les hommes loyaux et incorruptibles des deux causes de briser de bonne heure le joug d'un étranger (1) insolent, qui s'arrogeait impudemment le droit de les gouverner; et il avait déjà pressenti les moyens d'un arrangement amiable qui terminerait la révolution, sans de nouvelles effusions du sang français. Il regardait comme le mobile le plus certain de son entreprise l'organisation d'une société secrète, sûre, dévouée, armée, si cela était possible, et prête à se lever à l'appel d'un chef absolu; mais il fallait pour cela trouver une société toute formée,

1. C'est une habitude commune à tous les écrivains hostiles à Napoléon de le qualifier d'étranger. Il suffit de rappeler que Napoléon naquit le 15 août 1769 et que la Corse avait été unie à la France en 1768.

et la soumettre par l'ascendant du génie. Oudet fut à peine appelé au nombre des Philadelphes, qu'il éprouva la joie d'une âme puissante qui vient de découvrir ce qu'elle cherche depuis longtemps pour accomplir le plus grand de ses desseins : celle qu'aurait ressentie Archimède, s'il avait trouvé un point d'appui pour ébranler le monde.

En effet, je ne crois pas qu'une autre société secrète, quand il en eût existé alors, et telle qu'on la suppose, eût pu être plus propre aux vues d'Oudet que celle qui lui ouvrait son sein. Formée sous les auspices des vertus et de la sensibilité, elle lui présentait cette garantie de probité et de discrétion sans laquelle toutes les conspirations échouent tôt ou tard, au milieu des chances les plus indubitables de succès. Oudet, fort jeune encore, avait toutefois sur la plupart de ses membres l'autorité de l'âge, comme celle de l'illustration et du génie. Cependant la jeunesse même de presque tous les initiés lui répondait à la fois de leur flexibilité et de leur ardeur; l'idée de cette institution, qui leur appartenait, indiquait en eux une tendresse de sentiments qui fait toujours place, dans les adolescents qui en sont doués, à des passions énergiques et à des facultés puissantes. Enfin, le soupçon ne pouvait guère s'arrêter parmi eux, et le mystère qui avait enveloppé jusque-là leurs rassemblements quand ils n'avaient d'autre objet qu'une communauté innocente et naïve d'affections, était de bon augure pour la sollicitude qu'ils mettraient à cacher des conciliabules plus importants et des affaires plus sérieuses. La seule chose qui pouvait empêcher le succès de l'entreprise qu'une telle société se prescrivait de mener à fin, c'était le cas où ses forces seraient partagées et mises en opposition par deux génies égaux en tout et même en ambition, mais animés par des passions contraires et dirigés vers des buts différents. Or, une conscience assurée de lui-même, qui ne manquait peut-être pas à Oudet, lui aurait suffi pour écarter jusqu'à la moindre crainte de cet inconvénient impossible. Deux hommes organisés comme lui pour le bien et capables d'influer de la même manière sur la destinée du monde, n'ont jamais existé ensemble à aucune époque de l'histoire.

Il n'était pas possible, mais il était inutile de mettre tous les Philadelphes dans la confidence d'un projet dont l'exécution pouvoit exiger une longue suite de travaux et de soins préliminaires. Il suffisait que tous fussent engagés par l'institution même dans toutes ses tentatives, sans acception d'opinion ni d'intérêt individuel, et il ne fallait pour obtenir ce résultat qu'un petit nombre d'amendements qui s'introduisirent successivement dans les statuts. Quelques hommes d'une maturité plus avancée, ou d'une exaltation plus prononcée, ou d'une docilité plus flexible, furent seuls admis à recevoir quelques éclaircissements vagues sur le but qu'on s'était proposé, et réagirent sur le reste, quelquefois sans se rendre compte de l'impulsion qui leur était donnée. Oudet avait eu l'art de faire éclore une foule de pensées fortes, de faire concevoir une foule d'aperçus hardis, sans paraître s'associer au mouvement des esprits qu'il dirigeait invisiblement. Le conflit même des opinions opposées plaisait à son espérance, parce qu'il semblait déposer contre la possibilité d'un mobile unique, et qu'on voyait d'ailleurs se former dans ce tumulte de sentiments contradictoires des éléments certains de régénération. Rien ne prouve qu'Oudet lui-même eût alors des vues arrêtées et un système fixe. Il voulait le bonheur de la patrie, mais il y réfléchissait encore, et il achevait de s'éclairer aux premières lueurs de l'incendie qu'il avait allumé.

II

Révolution et nouvelle constitution des Philadelphes. — Distinction des grades. — Institution despotique d'un chef absolu sous le nom de censeur.

Les assemblées des Philadelphes étaient devenues orageuses comme leurs passions. Unanimes dans la haine de Bonaparte et dans l'amour de la vertu, ils l'étaient moins sur les moyens d'affranchir la patrie et d'assurer son bonheur. Quelques-uns souhaitaient intérieurement le retour des Bourbons, mais le plus grand nombre avaient été détournés de cette expectative généreuse par la mauvaise conduite de certains nobles. Ceux-ci, contents dans tout état de choses qui leur offrait une espèce de garantie, et livrés par une crédulité imbécile à la fortune du tyran qu'ils affublaient dans leurs rêves du rôle et de la réputation de Monck (1), n'avaient pas plutôt trouvé cette chance de servitude et de repos qu'ils tendirent leurs mains aux premières chaînes qu'on daigna leur donner. Ils perdirent sans retour la mémoire des malheurs qu'ils avaient subis, et surtout des bienfaits qu'ils avaient reçus; et, comme leur impéritie et leur vanité avaient aggravé les malheurs de la révolution, elles contribuèrent aussi, dans cette époque critique où la révolution devait cesser, à l'apathie des fractions saines du peuple et à l'affermissement de la tyrannie. On sent bien que je prends cette thèse dans une acception très générale, et cette classe a donné trop d'exemples de dévouement et de générosité, pour qu'il soit permis de la juger défavorablement sur quelques exceptions.

L'opinion de la société ne fut donc pas difficile à fixer quand on lui offrit un moyen terme entre le retour du système de la noblesse, et des grandes calamités révolutionnaires. La Franche-

1. Monck, général anglais, qui rappela sur le trône d'Angleterre (1660), la famille des Stuarts, chassée par la Révolution de 1648.

Comté n'appartenait à la France que par un droit de conquête encore récent; les souvenirs de son ancienne liberté vivaient toujours dans le cœur de ses vieillards, où ils étaient entretenus depuis trois générations par une tradition touchante; le voisinage de la Suisse, à la circonscription naturelle de la province l'appelaient en quelque sorte à reconquérir son indépendance, et il pouvait en résulter un grand exemple pour le reste de l'Etat. Cette première donnée, jetée au hasard dans quelques conversations, devint bientôt une résolution arrêtée, et rien n'aurait été plus facile que son exécution précaire, si Oudet n'avait pas senti ses plans s'agrandir avec ses moyens. L'ébranlement de quelques villes obscures, qui se seraient donné, pendant quelques jours, une constitution illusoire, et qui auraient fini par retomber sous le pouvoir d'un despote déjà puissant, ne pouvait pas convenir à son âme altérée d'une longue gloire. Il se servit de ce projet comme d'un moyen de tenir les esprits en haleine, et peut-être comme d'un prétexte à celui qu'il mûrissait. Il avait besoin de sentir dans tous les adeptes une disposition prochaine à opérer quelque chose de grand; et il se souciait peu du genre d'aliment dont ils entretenaient l'activité de leurs pensées, pourvu qu'il remplît ce but et qu'il ne les laissât jamais retomber dans une tranquillité stérile. La république séquanaise fut donc préparée, je le répète, dans un conseil de jeunes enthousiastes qui allaient se créer une armée, et elle devint la figure secrète des grands desseins de leur chef, qui ne pensait point dans son cœur à distraire quelques départements des domaines de l'usurpateur, mais à le renverser lui-même, et à renouveler sur ses débris la face de la nation tout entière. Ce premier âge des Philadelphes ne présente à la vérité qu'une série de rêves d'enfants, animés d'une ambition extrêmement mobile, mais encore incertaine dans ses projets, et dont toute la puissance ne pouvait aboutir qu'à exciter une convulsion momentanée. L'art d'Oudet fut de conserver ces germes sans altération, et sans toutefois qu'un développement prématuré lui en fît perdre le fruit. Il fallait pour cela soutenir la faiblesse, modérer l'emportement, flatter toutes les passions, nourrir toutes les vertus, et ne pas laisser passer un jour sans séductions et sans prestiges. Entreprise étonnante qu'on n'oserait citer que comme un des jeux les plus audacieux de l'esprit, si elle était restée sans résultats.

Il s'en fallait de beaucoup que tous les Philadelphes entrassent dans ces communications. Oudet avait trop de jugement et de connaissance du cœur humain pour ne pas les proportionner à ses forces, suivant les individus qui l'entouraient. Pour les uns, ce n'étaient que des suggestions légères, des hypothèses essayées; pour les autres, on en faisait un objet d'espérance; pour ceux-ci, c'était une perspective lointaine; pour ceux-là, c'était une entreprise en action, une conspiration commencée. Ainsi, concouraient au succès de ses vues futures, et ceux qui croyaient deviner ses vues actuelles et ceux qui croyaient les servir ; toutes les facultés étaient en jeu sans être trop tendues, parce qu'elles étaient employées avec une économie exquise qui les exerçait sans les user ; chacun avait sa tâche et la remplissait avec orgueil, parce qu'il ne pouvait pas croire qu'il y en eût de plus nobles et de plus complètes.

Oudet s'était initié aux secrets de presque toutes les sociétés de l'Europe, sans autre motif que d'enrichir la sienne de ses découvertes. Il avait été souvent étonné de l'inutilité de ses recherches, et de la pauvreté de toutes les sciences maçonniques qui effraient si dérisoirement je ne sais quel gouvermënt, qui aurait aussitôt fait de se les attacher par un privilège que de les supprimer par un édit. Il ne leur avait emprunté que la distinction des grades et quelques signes de reconnaissance.

Cette hiérarchie, qu'Oudet appelait l'*Échelle philadelphique*, et qui n'était bien connue que de lui, pouvait embrasser tous les rangs de la société, et envelopper dans son système tout ce qui restait d'hommes forts, dans l'état de dégradation morale où la France était près de tomber. Je dirai un mot des classes inférieures de la société des Philadelphes proprement dite, qui était le centre commun de l'institution entière ; mais je dois parler d'abord des classes supérieures qui ont seules influé sur les résultats dont j'ai promis l'explication.

Oudet avait créé dans l'ordre une dignité souveraine, monarchique et absolue par le fait, à laquelle un Philadelphe ne pouvait arriver qu'à travers deux grades successifs, dont le plus élevé ne comportait qu'un nombre donné d'initiations ; le grade intermédiaire n'était qu'une épreuve très bien entendue, qu'on ne pouvait pas surmonter sans une grande force d'esprit : c'étaient, pour ainsi dire, les limbes de la conspiration, et le point auquel on arrêtait toutes les âmes généreuses, mais plus ou moins timorées, qui n'avaient pas une portée assez forte pour en atteindre le but. C'était une pierre d'attente sur le chemin du dévouement ; mais elle avait cet avantage, qu'on y restait sans honte et sans rien soupçonner au delà, si on manquait de la vigueur nécessaire pour la franchir ; le second degré comprenait le complément de tous les secrets, au secret près du chef suprême, qui n'était jamais su que de lui. J'avoue que c'est là une institution très despotique, et qui l'était d'autant plus, que cet autocrate à pouvoirs illimités avait le droit ou la faculté de les perpétuer à jamais parmi ses affidés les plus familiers, ou de les transmettre de main en main dans des besoins imminents, mais vaguements prévus, qui étaient faciles à supposer. Rien ne ressemble mieux à la puissance du vieillard de la Montagne, si celle-ci même n'est pas plus absolue et plus sûre encore ; mais je doute qu'une conspiration puisse être mieux conçue ; et que le moteur d'un parti ait jamais fait agir des ressorts plus compliqués et moins visibles. Leur disposition était telle, en effet, qu'il pouvait les briser tous de son plein gré, et tourner la société à un autre usage, sans que la société fût détruite.

III

Premier âge des Philadelphes. — Censure d'Oudet. — Premier but. — Fédéralisme. — République séquanaise.

La république séquanaise (1) était probablement le dernier espoir ou le pis-aller d'Oudet; il devait donc laisser dans sa capitale un noyau puissant, sur lequel il pût rétrograder en cas de besoin, s'il échouait dans ses autres prétentions; il avait d'ailleurs intérêt à s'assurer d'une certaine quantité d'hommes éclairés sur la discipline de l'ordre pour l'instruction des candidats nombreux qu'il allait former; enfin, il comptait dans le berceau des Philadelphes quelques créatures dévouées, dont il pouvait employer utilement l'esprit, le zèle et la main. Il en fit, jusqu'à nouvel ordre, le quartier général de la société, et il y présida lui-même à des assemblées des trois grades.

Comme je n'ai ces divers renseignements que d'après des papiers incomplets et des récits, qui ne peuvent manquer de vérité, mais qui manquent d'ordre et de précision, on n'attend pas que j'essaie de caractériser les personnages accessoires dont le chef des Philadelphes avait jusqu'alors appuyé son audacieux système. Deux seulement me sont connus, et presque tous ont vécu obscurs jusqu'ici, par impuissance ou par choix. Certains même ont transgressé les principes de l'institution, pour se lier à la cause de la tyrannie, du moment où elle leur a offert un peu de sécurité, mais sans acheter ses faveurs par des délations criminelles. Le nom des Philadelphes serait encore inconnu du pouvoir si je ne le portais jusqu'à lui, pour le recommander à l'estime et à la reconnaissance des âmes nobles. Cette société est peut-être, de toutes les sociétés qui ont eu réellement un secret, la seule dont le secret n'ait jamais été promulgué qu'après qu'il était devenu inutile; et quand les secrets d'une société pareille deviennent inutiles, on sait qu'ils deviennent dangereux.

Le troisième grade reposait en essence sur l'abnégation individuelle d'état. L'homme qui y était admis cessait d'être autre chose, au moins quant à ceux de ces devoirs particuliers qui auraient contrarié les devoirs de l'institution. Il sortait de la société géné-

1. Nom ancien de la partie de la Gaule située sur la rive gauche de la Saône, et dont la capitale était *Vesontio* (aujourd'hui Besançon).

rale pour devenir l'instrument aveugle de la société spéciale à laquelle il s'était dévoué, et cet engagement étendait son obligation bien au delà de l'obligation de la vie. On ne crut pas pouvoir isoler le Philadelphe de ce grade par trop de moyens divers; et le seul de ces moyens que je puisse écrire fut l'abnégation de nom. Il fallait un nouveau baptême pour un dévouement de sang.

Tous les noms furent choisis, soit à cette époque, soit à celles que je suis obligé de confondre avec elle, autant parce que je manque de documents exacts que parce que je verrais peu de nécessité à revenir sur ces matières, tous les noms, dis-je, furent déterminés d'après des données préalables et saillantes de caractère ou d'après la destination forcée à laquelle le récipiendaire se soumettait en adhérant aux règles terribles qui devenaient son unique loi. Ainsi, un adepte habile et ferme qui pouvait se saisir quelque temps d'une émeute populaire, et la donner à l'institution, après l'avoir réduite à ses vues, fut nommé Marius. Un jeune homme turbulent, d'un esprit vif, d'une âme fougueuse, facile à se lier, à se répandre, à se communiquer à tout le monde, adroit à se faire aimer, reçut le nom d'Alcibiade. Spartacus, dont je parlerai quelquefois, était le séide d'Oudet. Ses mœurs franches, rustiques et toutes républicaines, le rendaient propres à effectuer le soulèvement des esclaves contre les maîtres. L'influence de ces noms était si puissante qu'elle s'étendait visiblement sur la vie privée. Caton, Thémistocle et Cassius sont mort par le suicide comme leurs patrons.

Oudet n'était pas de ces hommes qui fussent obligés de se déguiser pour marcher au but. S'il ne s'était pas nommé le chef de la ligue séquanaise, on l'aurait forcé à prendre ce titre qu'il était seul capable de porter. Les Philadelphes le saluèrent du nom de Philopœmen (1), nom sous lequel je le désignerai souvent désormais, parce qu'il prêtera une autorité de plus à mon récit, puisque la fortune injuste a voulu que le nom de Philopœmen restât plus illustre que celui d'Oudet. Cette cérémonie achevée, il prépara tout pour rejoindre le régiment qui venait de lui être accordé, et pour compléter sa grande entreprise. Il ne partit point cependant sans en combiner les moindres moyens dans l'assemblée du grade suprême. Des voyageurs furent mandés dans les provinces voisines pour y porter les premières initiations de l'ordre; les grades inférieurs furent établis et communiqués. On créa des sociétés de *Miquelets* dans les villes des Pyrénées, de *Barbets* dans celles des

1. Philopœmen, général grec, devenu chef de la Ligue achéenne (cette ligue formée par les Achéens pour secouer le joug des Macédoniens embrassait à peu près toutes les peuplades du Péloponèse). Battu par les Messéniens, Philopœmen fut emmené prisonnier à Messène et mourut empoisonné (183 av. J.-C.). Sa bravoure et son amour de la patrie lui ont valu le surnom glorieux du *Dernier des Grecs.*

Alpes, de *Bandoliers* dans le Jura, la Suisse et la Savoie, et des *Frères bleus* dans les régiments ; la commotion fut rapide et immense; et, ce qu'il y a d'étonnant, c'est qu'elle ne coûta, tout au plus, que quelques frais de voyage. Six mois n'étaient pas écoulés qu'un abîme était creusé sous le trône de Bonaparte, au moment où il paraissait s'asseoir sur les bases les plus inébranlables.

MOREAU.

A dater de ce jour, Philadelphie fut presque toujours où était Philopœmen. L'institution continua à subsister dans sa première patrie, mais elle n'y fleurit point ; et peut-être même elle s'y oublia à la longue. L'âge des grandes passions, des grands malheurs, des ennuis plus pénibles encore, qui flétrissent toutes les illusions de la vie, était arrivé pour quelques-uns de ses membres. D'autres s'endormirent dans les douceurs de la paix domestique ; d'autres furent aisément distraits du roman de leur jeunesse par l'éclat des places et des honneurs. Les premiers régiments qui furent envoyés à Besançon, comme au centre de l'ordre, pour y recueillir les lumières dont cette ville avait été le foyer, y ranimèrent bien quelques étincelles de l'ancien enthousiasme ; mais leur lueur fut, dit-on, si passagère, qu'elle se laissa tout au plus remarquer dès lors dans quelques rares circonstances que la suite des événements doit amener sous ma plume. Philopœmen y avait cependant laissé quelques zélateurs fidèles, et dont le nom revenait souvent à sa mémoire ; Thémistocle, Publicola-Werther, dont la bouillante activité et l'intelligence romanesque enrichissaient tous les jours la société de nouveaux adeptes, ou de candidats précieux ; Spartacus enfin, qui, moins attaché à l'institution qu'à Philopœmen lui-même, se retrouvait à tout moment sur ses pas, sans autre ambition que des services à rendre, ou des périls à courir pour la gloire de son maître.

IV

Introduction de la société dans l'armée. — Procès d'Aréna. — Soupçons de Bonaparte. — Suicide de Morgau. — Institution de la Légion d'honneur empruntée aux Philadelphes.

Nous sommes arrivés au moment où l'institution s'introduisit simultanément dans trois régiments de ligne, deux régiments d'infanterie légère, un régiment de dragons, et de là dans toute l'armée. Quoique présent à quelques-unes de ces initiations, je n'ai ni l'intention ni le droit d'en rapporter les détails ; mais la simple énonciation d'une tentative si hardie et si heureuse suffit pour en faire présumer tous les résultats possibles, d'après ce que j'ai dit de la hiérarchie de l'ordre et de la souveraineté très réelle de son chef. Qui croirait qu'il s'agit de la conspiration la plus audacieuse, tramée sous les yeux les plus vigilants, dont les ramifications se sont étendues le plus loin, et ont subsisté le plus longtemps ; et que son secret, si répandu qu'il était quelquefois devenu celui d'un corps tout entier, n'est jamais parvenu, au moins d'une manière bien lucide, au tyran qui avait tant d'intérêt à le surprendre ? Qui croirait que la révélation de cette entreprise inouïe sera une chose nouvelle pour beaucoup de monde, même dans les corps respectables et généreux où elle s'est formée, où elle a mûri, où elle a obtenu tous les développements dont elle était susceptible ? Rien ne s'opposait, du moins, à ce qu'elle fût faite aujourd'hui ; je dévoile un mystère respecté depuis douze ans : mais je dois répéter que ce mystère ne subsiste plus. Quel est le corps de l'armée qui dissimule son affiliation à une société secrète de l'ordre maçonnique, et qui ne souffre pas que son nom soit porté sur les états de cet ordre et sur ses calendriers ? Pourquoi la société des

Philadelphes, qui a tant à se glorifier de sa destination et de ses services politiques, ne ferait-elle pas le même aveu?.....

Je marche à tâtons dans l'histoire de Philadelphie aux trois premières années du siècle. Philopœmen créait, mais les ténèbres du chaos obscurcissent quelquefois son ouvrage, qui ne m'a d'ailleurs été connu que par des récits particuliers. La conspiration malheureuse de l'adjudant-général Arena (1), qu'il avait connu à Alexandrie, pourrait s'y lier par quelques circonstances. L'ouvrage saisi entre les mains d'Arena et de ses coaccusés, et désigné dans leur procédure sous le titre *du Turc et du militaire français*, était certainement de la plume de Philopœmen et ne pouvait sortir que d'elle, si l'on en juge par cette chaleur de style et par cette audace d'images qu'aucun homme ne possédait au même degré. Quoique la responsabilité de son immense entreprise exigeât la discrétion la plus stricte, il avait été obligé d'admettre quelqu'un à cette confidence, et j'ai sur ce point remarquable l'affirmation de Spartacus. Cependant, j'ai peine à croire qu'il ait influé autrement sur une conjuration hasardée, dont les éléments et le but étaient d'ailleurs peu dignes de lui, quoiqu'elle ait offert quelques circonstances mémorables dans les débats. Ce qu'il y a de positif, c'est qu'Arena, dont je n'ai jamais entendu dire que du bien, à l'exagération près de son républicanisme outré mais pur, recherchait avec affectation les manières de Philopœmen, depuis leur rencontre en Piémont, et que c'était à l'aide de cette réflexion imparfaite qu'il avait ébloui quelques esprits de la fausse espérance d'un succès impossible. On ne pourrait pas croire d'ailleurs que Philopœmen, occupé du projet qu'il a suivi jusqu'à la mort, eût perdu le long séjour qu'il fut obligé de faire à Paris pour les affaires du soixante-huitième régiment, sans en tourner les loisirs au grand objet de bonheur et d'utilité publique qui remplissait exclusivement son âme. Cet espace est cependant peu rempli, soit dans le journal rapide et souvent illisible qu'il a laissé de ses principales opérations, soit par les traditions que ses amis en conservent. Sa vie était sombre, pensive, retirée, mais studieuse. Plutarque, cher à sa première jeunesse, faisait encore le charme de ses jours et de ses nuits. Il aimait avec tant d'affection Montaigne et Charron, qu'il avait détaché quelques feuillets de leurs livres pour les porter toujours avec lui. La littérature italienne lui devenait familière, et il passait une partie des heures à feuilleter Machiavel et Alfieri, ses auteurs de prédilection parmi les ultramontains. Enfin, il récupérait des jours perdus en revenant

1. Arena, Corse d'une famille ennemie de celle de Bonaparte, était devenu chef de brigade de gendarmerie et député de la Corse. Après le 18 Brumaire, il entra dans une conspiration contre le Premier Consul. Arrêté à l'Opéra, au moment où le complot allait être exécuté, il fut condamné à mort et subit le dernier supplice le 31 janvier 1801.

sur son éducation ébauchée, et en se perfectionnant dans la connaissance de la langue latine. Il serait remarquable, mais il est possible, dans l'idée que je me suis faite de son caractère, qu'il ait consacré deux ans de sa plus grande force à se refaire écolier, pour se rendre capable de supporter sa mission, dans toutes les hypothèses où elle pouvait le placer.

Philopœmen vivait alors très simplement, et d'une manière qui aurait paru incompatible avec son caractère connu, s'il n'avait pas eu réellement la secrète intention de faire une épreuve sur lui-même. Il passait deux heures tous les soirs, quelquefois seul, quelquefois accompagné d'un ou deux officiers, et plus fréquemment avec Spartacus et moi, dans un café très obscur, situé à l'angle de la rue des Marais, et qui était tenu à cette époque par un nommé Putode, que les visites assidues du bonhomme Mercier avaient achalandé. C'est celui-ci qui m'entraîne dans cette digression, et qui me fournit une anecdote très liée à mon sujet, dans lequel elle remplira un intervalle vide. Jamais Philopœmen et Mercier ne s'étaient vus, et le second, que tout le monde connaissait de nom, devait ignorer tout à fait le premier, qui se dérobait en quelque sorte à tout le monde. Nous causions de choses indifférentes, Spartacus et moi; et Philopœmen, l'esprit fixé sur quelques grandes pensées, nous écoutait sans nous entendre, quand Mercier entre, marche vers sa place habituelle, abaisse vers nous, par hasard, ses yeux vaguement contemplatifs, et les fixe sur Oudet, qui le regardait sans le voir. Il s'arrête; et, possédé de ce démon physiognomonique qui lui a fait dire tant de choses extraordinaires, parmi lesquelles je reconnais beaucoup de ridicules folies, il s'appuie sur sa canne, d'un air inspiré qui nous frappa tous. « Jeune homme, dit-il à Oudet, pardonnez au vieux Mercier (1) « de vous troubler un moment dans vos méditations; j'en connais « toute l'importance, et Dieu me garde d'en empêcher le résultat. « Je lis sur votre front tous vos projets et toutes les forces que « vous avez pour les accomplir. Sauvez la France, puisque vous « l'avez résolu; mais, au nom de Dieu, ne faites pas retomber sur « elle, à votre tour, le joug dont vous voulez l'affranchir. » Cette scène singulière ne se passait pas sans témoins. Outre Spartacus et moi, il y avait autour de Mercier trois ou quatre personnes qui peuvent vivre encore, et parmi lesquelles on me nomma le chevalier de Bonneville. Une rencontre de ce genre n'aurait été négligée ni par Sertorius, ni par Mahomet. Je ne l'ai citée cependant ni comme une preuve de la destination d'Oudet, ni comme un exemple de la perspicacité de Mercier; mais comme une de ces circonstances étranges que Plutarque n'aurait pas oubliées, s'il avait eu à écrire

1. Mercier, écrivain romanesque et fantaisiste, avait publié en 1771 *L'an 2440, ou Rêve s'il en fut jamais*, ouvrage dans lequel il annonçait une partie des changements qu'accomplit la Révolution. Né en 1740, il mourut en 1814.

l'histoire d'Oudet, parvenu au dernier terme de sa carrière, à travers tous les genres de gloire qui lui étaient réservés.

J'ai dit que le secret de la conspiration n'était jamais parvenu à Bonaparte d'une manière bien lucide et la raison en est extrêmement simple : Philopœmen était le centre unique d'une foule de cercles enclavés les uns dans les autres sans aucune connexion sensible. Tous ces cercles étaient composés d'agents essentiels d'une conspiration inconnue, dont le secret résidait dans un seul homme. Il n'y avait autour de lui qu'une pensée, mais elle était disséminée sur tant de points, qu'elle n'avait d'existence collective qu'à ses yeux, et qu'elle ne pouvait être mise en action que par sa volonté. Peu d'hommes ont été plus avant que moi dans les secrets les plus intimes de son cœur; mais celui de Philadelphie était l'Arche sainte, et je ne m'en suis formé une notion claire qu'après six ans d'observations successives. Encore ces notions sont-elles bien loin d'avoir l'autorité de fait dont les tribunaux ont besoin pour prétexter les jugements que la tyrannie leur impose, et pourtant elles ont été vérifiées depuis par l'expérience des résultats. Qu'aurait donc pu contre lui le délateur des derniers rangs, qui ne voyait dans la société qu'une institution de caprice, à laquelle il était attaché par une dépendance étroite, mais sans but, sans nécessité sensible, sinon semer quelques méfiances inutiles et toujours frustrées, dont la honte serait retombée sur lui? C'est ce qui arriva cependant, et c'est ce que Philopœmen avait prévu sans s'en effrayer. L'existence de la société fut connue, mais sa destination ne fut point devinée. Dans le vague de ses soupçons, le consul, alarmé sans être convaincu, se borna à quelques mesures de police militaire. Deux généraux et un certain nombre d'officiers supérieurs reçurent leur retraite. Philopœmen fut renvoyé à son corps, qui occupait alors la garnison de Saint-Martin, à l'île de Ré. Il y fut accueilli avec un enthousiasme qui aigrit les défiances, mais qui ne les éclaira point; et ce premier revers augmenta l'importance de l'institution, sans la compromettre.

C'est ici la place d'une anecdote bien curieuse, qui ne sera pas nouvelle pour le grand nombre des Philadelphes, mais qui frappera les autres par un rapprochement dont ils ont souvent cherché l'explication. Je ne sais plus de quel corps était le capitaine Morgan qui fut arrêté à l'époque où je suis arrivé, sur la simple déclaration d'un homme étranger à la société, qui avait remarqué parmi ses bijoux quelques joyaux d'une forme singulière. Quoi qu'il en soit, Morgan, bien atteint et bien convaincu de posséder les signes et les secrets d'une société que l'on cherchait à investir, fut soumis aux interrogatoires les plus sévères, aux épreuves les plus pénibles, aux rigueurs les plus obstinées; et on lui notifia formellement qu'il n'obtiendrait jamais d'adou-

IMP. NOIZETTE ET Cie, 8, RUE CAMPAGNE-1re, PARIS.

cissement à son sort tant qu'il ne révélerait point les particularités dont le hasard ou l'initiation l'avait fait confident. Cet homme, qui pouvait tout dire sans rien livrer, car il n'avait encore reçu que les premières communications et ce qu'on appelait le baptême de l'Ordre, ne put supporter ni l'idée de cette trahison ni la cruauté des traitements dont on le menaçait. On le trouva mort dans son cachot, la poitrine découverte et le sein empreint de la même figure qu'on avait surprise dans ses effets lors de son arrestation. Cette figure fut quelque temps après celle de la croix de la Légion d'honneur, avec le seul changement de la tête et de la devise. Ainsi, le signe caché des Philadelphes devenait un signe public, et quelques-uns des adeptes de l'ordre le plus élevé en conçurent de l'effroi, parce qu'ils crurent deviner tout ce que cette combinaison avait d'insidieux. Philopœmen entra cependant au milieu du petit cercle que notre grade composait, le front levé, l'œil pur, le sourire sur les lèvres, et nous saluant avec cette affabilité charmante qui lui gagnait tous les cœurs. « Eh bien ! frères, dit-il, qui l'aurait cru? Bonaparte est notre complice, Philadelphie est consacrée, et c'est la Légion d'honneur qui renversera la tyrannie. » Nous étions décorés tous, et nous le regardâmes avec tristesse, parce qu'il ne l'était point, et que cet oubli volontaire dans lequel on avait laissé le plus brave des braves, était humiliant pour ses camarades. Il nous comprit assez tôt pour nous épargner des excuses ; et, ouvrant brusquement sa veste, pour nous faire voir la croix du grade, qui était cachée dessous : « Elle est là, dit-il ensuite, portant sa main sur une forte cicatrice qu'il avait au-dessus de la clavicule, il ajouta : Elle est là ; et puis, en la rabaissant vers son cœur, elle est là. Et il nous tendit ses bras, où nous nous précipitâmes ensemble. De six que nous étions ce jour-là, nous ne restons que trois, et un des trois autres a eu le bonheur de mourir avec lui.

Je viens de le faire parler deux fois, et je crois avoir rendu ses paroles telles que je les ai entendues ; mais qu'elles sont loin sans doute de l'être comme il les a dites ! J'avoue que je ne conçois pas la possibilité de faire sentir ce que sa physionomie, ses gestes et ses inflexions ajoutaient de charme et de séduction à ses paroles ; c'est de lui qu'on est obligé de dire, comme Eschine de Démosthènes : « Que serait-ce si vous l'aviez entendu ? » Nous ne devions plus l'entendre longtemps, et quelques-uns de nous ne devaient jamais le revoir. Les soupçons qu'il avait excités, aggravés par de fausses déclarations, car il n'y en eut pas une qui reposât sur les faits véritables, suffirent pour déterminer sa première proscription. Il fut destitué quelques jours après, avec ordre de se retirer à Ménale, petit bourg du Jura, voisin du lieu de sa naissance, et de ne point en sortir. L'exil ne pouvait rien au bonheur d'un homme tel que lui ; mais il aimait trop la patrie pour laisser imparfaites les grandes résolutions qu'elle lui avait inspirées, et pour abandonner Philadelphie, son ouvrage et son espérance. Un ambitieux, qui n'aurait eu que sa gloire personnelle en vue, l'aurait peut-être fait; mais la gloire personnelle n'entrait dans ses considérations que d'une manière très secondaire, quoiqu'il y attachât beaucoup de prix. Sa grande âme n'aimait rien autant que son pays; et, quand il fut trop certain qu'il lui était devenu inutile, au lieu de s'abandonner à un lâche désespoir, il se chercha un successeur qui pût recevoir le dépôt de toutes ses idées, et qui fût capable de les mettre en œuvre. Le monde ne nommait alors qu'un seul homme à qui Philopœmen crût devoir cette concession, c'était Moreau.

V

Second âge des Philadelphes. — Admission et Censure de Moreau. — Conspiration de Pichegru, inexactement appelée conspiration de Moreau. — Hésitation de Moreau expliquée et justifiée par l'histoire des faits.

Lorsque le chef temporaire de la société avait achevé son exercice, ou bien lorsque des considérations d'intérêt public ou des affaires personnelles, dont le motif était accueilli, le forçaient à s'en démettre, il adressait à la réunion urbaine la plus nombreuse qu'eussent alors les Philadelphes, une liste de vingt-cinq personnes qu'il avait soin de choisir dans le grade supérieur, et parmi lesquelles l'assemblée nommait cinq candidats au scrutin. Le bulletin de cette nomination lui était renvoyé séance tenante, et il le faisait connaître par autant de copies aux cinq candidats désignés. Chacun de ceux-ci envoyait son vote, et le successeur de ce chef suprême, que nous reconnaissions sous le nom de censeur, était choisi à la majorité absolue des voix : dans le cas de deux contre deux et d'une voix perdue, l'ancien chef décidait sans contestation.

Ce chef devant être choisi presque toujours parmi des militaires, on avait dû prévoir le cas où il serait ravi à la société, sans avoir préalablement pourvu à son remplacement. Il adressait donc tous les mois, à la principale assemblée, une liste close de vingt-cinq candidats, qui ne devait être ouverte qu'en cas de mort, de disparition constatée, ou de réclusion à temps. Cependant, les statuts qui n'avaient rien omis de tout ce qui pouvait donner au chef de l'institution l'autorité la plus exclusive, lui permettaient d'élire lui-même son successeur, par privilège de nomination clinique ou *in articulo mortis*, dans le cas où il était frappé sur un champ de bataille ou conduit à l'échafaud, pour le service de la patrie ou pour le service de l'ordre. Cette transmission de pouvoirs se faisait alors par une simple communication verbale, et par la cession des attributs que le chef devait toujours porter sur lui; ou bien, dans le cas où il ne lui était pas possible de communiquer immédiatement avec la personne qu'il avait l'intention de désigner, elle était reconnue et mise en vigueur sur la foi de son codicille.

Philopœmen ne voyait donc aucune difficulté à l'élection de Moreau. Il était sûr de flatter son grand cœur en lui offrant les bras et la vie de quatre mille officiers dévoués, de toutes armes, et d'un nombre considérable de jeunes et énergiques citoyens, distingués par de grandes qualités morales, ou par des talents précieux. D'un autre côté, il ne faisait pas de doute que le nom de Moreau n'attirât toute l'attention de l'assemblée à laquelle le choix serait remis, et la plus nombreuse des réunions urbaines n'excédant pas trente personnes, il n'y avait rien de plus facile pour lui que d'amener dans le lieu de sa propre résidence un nombre majeur de Philadelphes, pris parmi ses plus affidés. Enfin, car il avait l'habitude de tout prévoir, dans le cas où la grande réputation de Moreau produirait un effet contraire à son attente sur des esprits prévenus contre tous les genres d'illustration et de gloire qui pourraient compromettre leur indépendance, il ne devait pas hésiter à faire usage du privilège de l'élection clinique, soit en disparaissant tout à coup du milieu de l'exil, soit en se dévouant à la mort des conspirateurs, par quelque complot arrangé qui ne hasarderait que sa vie. Il manquait cependant une condition essentielle à l'exécution de son plan, c'était que Moreau fût Philadelphe, et qu'il pût ou qu'il voulût le devenir. Philopœmen n'avait jamais servi sous les yeux de Moreau. Il n'en était pas connu de vue, il ne lui avait peut-être jamais été nommé, et dans ces circonstances difficiles, le vainqueur d'Hohenlinden était signalé trop hautement à Bonaparte par sa renommée, il était le centre de trop d'espérances et l'objet de trop d'embûches pour ne pas être extrêmement difficile dans ses rapports et réservé dans ses communications. Cependant, Philopœmen, au mépris du ban qui lui interdisait l'entrée de Paris, s'empressa de s'y rendre pour nouer avec Moreau les relations dont il faisait dépendre le salut de la France. Un hasard heureux, car il lui avait été impossible de prévoir cette circonstance, avait placé alors auprès de Moreau lui-même l'homme du monde qui était le plus digne d'apprécier les vues de Philopœmen, le général Lahorie, surnommé depuis Thrasybule. Après son initiation, Philopœmen obtint aisément d'être présenté par lui au général, et cette communication, qui eut lieu à Grosbois, dura trois heures entières, à la satisfaction de tous deux. Ils s'entendirent dès le premier mot, parce que l'opinion qu'on avait fait concevoir à Moreau des hautes qualités de son nouvel ami ne pouvait qu'être avantageusement confirmée par son seul aspect. J'attendais Philopœmen dans ma calèche, et je fus surpris de sa joie. Elle ne se manifestait que par des exclamations et des phrases entrecoupées qui, de la part d'un autre homme et dans une autre occasion, auraient présenté quelque apparence de délire. C'est qu'il venait de voir sa pensée se réfléchir

Pichegru.

dans le cœur de Moreau comme dans un miroir, et que, dans cette unité de vues, cette sympathie de caractères, il ne doutait plus du triomphe de la société et du salut de la patrie. Il n'y avait rien d'ailleurs à changer à son ouvrage. Il sentait que l'ensemble de son système avait pourvu à tout, et Moreau n'avait pas trouvé une objection qui ne fût prévue, pas une condition essentielle qui ne fût devinée, pas un danger qui ne fût écarté, et quelquefois tourné à l'avantage du plan par des précautions ingénieuses et sûres. Toutes les fois qu'il m'a dit : « Il faudrait, » s'écriait Oudet, j'ai pu lui répondre : « Cela existe! » A la fin, il a repris, en me serrant la main avec expansion : « Puisque cela existe, je suis à la France et à vous. Je ferai mon devoir. » Je ne doute pas qu'il ne le fasse, reprenait Philopœmen. Voilà de grands événements et une grande destinée.

Ces détails me frappèrent tellement, ils sont si présents à ma mémoire, que je pourrais facilement en étendre le récit, mais les événements me pressent. Les circonstances qui accompagnèrent la réception de Moreau ne sortirent pas cependant d'un très petit conciliabule, où je n'eus point l'honneur d'être admis. Le texte le plus strict des statuts n'exigeait que trois Philadelphes pour la réception d'un frère à tous ses grades, et comme cette cérémonie demandait une discrétion d'autant plus sévère que Philopœmen, qui devait nécessairement y comparaître, était sous le poids d'un ordre d'exil, il fut convenu que ce nombre n'y serait pas excédé. L'état des Philadelphes présents fut soumis au récipiendaire qui choisit lui-même les témoins et les agents de son initiation, et elle eut lieu, pour le premier grade, dans un hôtel garni des environs du Palais-Royal (1). Le second et troisième lui furent donnés à Grosbois, où Philopœmen passa trois jours en étroites communications avec lui, pendant que l'assemblée de Paris, qui se trouvait alors, suivant les états de la société, la plus nombreuse de France, faisait le choix de cinq candidats dans la liste envoyée par son chef pour la désignation de son successeur. Le nom de Victor Moreau, qui paraissait pour la première fois dans cette liste, frappa les auditeurs d'un étonnement plus facile à comprendre qu'à décrire, mais qui ne tarda pas à se changer en enthousiasme. Son nom fut amené le premier par le scrutin, et on pense bien qu'il ne lui manqua de voix que la sienne pour remplacer Philopœmen, dont les motifs de démission n'avaient pu être rejetés. Le second régulateur des Philadelphes reçut le surnom de Fabius, que des historiens lui ont depuis confirmé ou par révélation, ou par instinct.

J'ai vu Moreau quelquefois, mais il ne m'est guère connu que par le glorieux témoignage de l'histoire. Il était bien loin d'avoir cette solennité un peu théâtrale, qui était le caractère distinctif de son devancier et qui sert à remuer les hommes. Je lui trouvai la simplicité d'un vieux héros, d'un guerrier classique, et non l'esprit d'un conspirateur. Son adhésion au système de notre institution fut toujours voilée du prétexte d'une liaison morale, et l'habitude de ses mœurs douces et casanières ne laissait pas espérer autre chose à ceux de nous qui n'étaient pas dans sa confidence intime. Il n'aimait pas Bonaparte, mais il ne l'attaquait ordinairement que par des épigrammes sans fiel et, s'il faut le dire,

1. L'hôtc Berlin, rue des Frondeurs.

sans conséquence. Ce qu'il y a de plus extraordinaire, c'est que Moreau, tout en se jouant dans ses discours du gouvernement consulaire, paraissait redouter d'en porter le poids. Il l'avait refusé, et c'était un tort très grave, soit qu'il provînt d'un excès inconcevable de modestie, soit qu'il résultât plutôt, comme je suis porté à le croire, d'un penchant déterminé pour la paresse. En acceptant l'offre du Directoire, Moreau délivrait la France, et de la tyrannie qu'elle subissait et de celle qu'elle avait à subir. Il lui épargnait quinze ans de malheurs, et il anticipait de tout ce temps sur le système de restauration libérale qui nous était réservé (1). Je ne le condamne point, ni pour ce qu'il a fait, ni pour ce qu'il a voulu faire; la pensée de Moreau est au delà de toute mesure pour la foule des hommes, et je me flatte moins que personne d'en avoir atteint la hauteur; mais je crois que le sort du monde devait l'occuper plus tôt ou plus exclusivement, dès qu'il a eu les moyens de le fixer.

La promotion de Moreau fut promptement connue dans le grade supérieur de l'institution. Elle demeura cachée aux autres, du moins assez généralement, ou parce qu'on y trouvait quelque avantage, ou parce que le laps extrêmement court de son exercice ne permit pas qu'elle fût répandue par des communications verbales. On sait que les Philadelphes ne reconnaissaient point leur chef sous son véritable nom, et qu'il ne se manifestait qu'à l'abri d'une pseudonymie, qu'il n'était pas permis de violer par écrit. On a déjà vu d'ailleurs que l'élévation de Moreau à cette dignité fut antérieure de très peu de temps à sa mise en jugement, qui interrompit toutes ses communications avec l'ordre et qui rendit un nouveau choix nécessaire Dans les endroits où la nouvelle en arriva, elle produisit des effets très contraires; elle affermit à la vérité quelques esprits prononcés, qui s'étaient pénétrés à l'avance des intentions réelles de la société, et qui n'attendaient qu'un cri d'appel pour se rallier à la bannière de la restauration. Elle éclaira quelques esprits indécis qui avaient suivi le cours des choses sans se rendre raison de leur but, et qui surent dès lors à quelles destinées les Philadelphes étaient appelés; mais elle rebuta les esprits timides qui n'avaient vu dans le pacte auquel on les faisait souscrire qu'une distraction d'oisifs. Le nom du premier censeur n'avait point révélé d'ailleurs de projets absolus. Celui de Moreau faisait tout deviner ou tout croire. Il était alors le centre d'une foule d'espérances opposées et par conséquent le centre de toutes les défiances du gouvernement et de ceux qui croyaient leur existence attachée à sa conservation. Il en résulta un grand brisement

1. Nodier évite de rappeler ici, et pour cause, le rôle que joua Moreau au moment du coup d'Etat de Brumaire, et l'appui qu'il prêta volontairement à Bonaparte. (Voir sur ce point d'histoire très intéressant, le n° 12 de la collection *Récits des grands jours de l'Histoire.*)

dans l'institution, et quelques parties s'en aliénèrent tout à fait, pendant que plusieurs autres se fortifiaient en raison inverse. On sentit de toutes parts qu'on avait un plan, une direction établie, une marche progressive qui, pour n'être pas bien clairement manifestée à chacun des membres de la société en particulier, n'en paraissait pas moins entraîner la société tout entière vers des résultats qu'on ne pouvait encore que soupçonner, mais auxquels on ne parviendrait point sans des sacrifices immenses. C'était un temps d'épreuves, et Philopœmen les dirigeait du fond de sa retraite. Aussi imposant, aussi souverainement puissant dans son abnégation qu'il l'avait été dans ses services, l'inoccupation de son exil, qui le laissait tout entier à l'activité de son âme, le rendait peut-être plus redoutable encore. Je ne sais si Bonaparte soupçonna ce dont l'oisiveté d'un tel homme était capable, mais trois mois étaient à peine écoulés qu'il lui fit expédier un brevet de major; et, comme si un hasard avait voulu faire concourir tous ces événements, Oudet arrivait à Paris au moment de l'arrestation de Moreau, pour y ressaisir les rênes de l'institution qui échappaient à ses mains, et pour assurer la vie du censeur, en organisant autour de sa prison une conspiration de délivrance.

Les circonstances qui avaient engagé Moreau dans la célèbre affaire dont je parle ne sont pas assez bien connues de ses contemporains pour qu'on puisse espérer que l'histoire les éclaircisse jamais par des notions exactes. Toutes les explications qu'on peut donner à ce fait mémorable rentrent nécessairement dans la classe des hypothèses, et on n'a de raisons pour se décider entre les hypothèses diverses que des probabilités plus ou moins incertaines. Celles qui m'ont frappé ont pour moi une simple évidence de sentiment, que je ne me flatte pas de faire passer dans l'esprit des lecteurs, qui ne se rendent qu'à l'évidence des faits. J'ai commencé par établir, je répète souvent, et je persiste à croire, qu'il n'y a rien de plus semblable à un roman qu'une histoire secrète qui offre des circonstances très singulières, et dont on ne peut citer les témoins. Je n'ai pas entrepris de faire considérer celle-ci comme une autorité suffisante pour régler des points de critique historique de la plus grande difficulté; mais je ne pense pas qu'ils puissent être réglés sans elle, et c'est pour cela que je présente ma pensée sous la forme d'une affirmation très positive, même dans les cas où j'aurais beaucoup de peine à la convertir en démonstration. Je suis très convaincu de ce que j'écris; mais ma conviction n'est une preuve que relativement à moi, et j'entraînerais le lecteur dans un dédale ennuyeux de circonlocutions timides si je ne hasardais jamais un fait encore nouveau sur une donnée qui m'est propre, sans l'envelopper de restrictions, ou le suspendre en vaines réticences. Mon récit ne peut être regardé par les lecteurs ordinaires que comme une espèce de fanal assez aventureux sur une mer inconnue, et il est contre la nature essentielle d'un récit de cette espèce qu'il lui paraisse autre chose. Ceux qui ont visité le pays sur quelques-uns de ses parages, et même sur ceux dont la situation relative ne permet pas de porter la vue au loin, accorderont plus de confiance aux indications que je donne, parce qu'ils seront préparés par des notions antérieures. Le petit nombre enfin ne contestera rien, parce qu'il a fait le voyage avec moi, qu'il a vu les mêmes choses que moi, et quelquefois davantage. Si cette relation n'avait été imprimée qu'à vingt exemplaires distribués à vingt personnes qui ont possédé tous les secrets de l'institution, elle n'aurait pas à subir une critique de faits; mais il m'importe peu qu'elle en subisse, pourvu qu'elle produise tous les effets que j'en attends. Elle doit justifier la mémoire de Moreau aux yeux de ceux qui se croient le droit de lui faire quelque reproche, et qui auraient ce droit dans toute autre hypothèse que celle sur laquelle je me fonde. Elle servira la monarchie en l'éclairant sur un grand ressort de mouvements intérieurs dont l'existence ne peut être innocemment dissimulée à un bon prince; elle honorera enfin le souvenir d'Oudet, et elle consacrera les services de l'institution mémorable dont il a été le propagateur, et dont il est encore l'idole et la gloire. Si les cœurs froids ne voient dans ce récit qu'une invention bien ou mal arrangée, comme je suis trop porté à le craindre, j'en suis fâché pour eux et pour l'honneur de l'humanité. Il est bon de croire aux hautes vertus, quand ce ne serait que pour exciter l'émulation.

La première question qui se serait présentée à un juge impartial, celle qui occupera, avant tout, l'attention de l'histoire, c'est de savoir si Moreau était royaliste et pouvait prêter l'immense autorité de son crédit militaire et de sa réputation morale à la contre-révolution, c'est-à-dire à un système destructeur de celui dont il était l'ouvrage et dont il avait été l'instrument. Tous les raisonnements, toutes les autorités, toutes les preuves atténuent, combattent, détruisent cette prévention fondamentale sur laquelle l'édifice entier de la conspiration était bâti. Moreau, éclairé par une expérience irrévocable, Moreau, sage, impartial, modéré, ami par-dessus toutes choses du bonheur public qu'il avait inutilement rêvé dans d'autres systèmes, pouvait sentir à la longue la nécessité d'une rétrogradation mesurée vers la monarchie, et d'un pacte garanti par des institutions sûres entre les Bourbons et la France; mais Moreau n'avait pas besoin, pour arriver à ses fins, du concours de l'étranger, qui aurait au contraire armé contre lui des préventions dangereuses. Un parti nombreux du Sénat l'appelait à la dictature; l'armée l'y portait d'une voix presque unanime et, pour écarter les obstacles qui embarrassaient devant lui le chemin, il venait de trouver autant de séides que de Philadelphes.

Je sais qu'on a répandu dans le temps, et qu'on n'a pas démenti authentiquement depuis, des bruits très différents sur l'origine de la conspiration de Moreau. Comme tous les moyens étaient bons pour détruire l'empire que Bonaparte avait usurpé sur quelques esprits trop faciles, et, comme la politique astucieuse de cette âme hypocrite n'était d'ailleurs que trop connue par les détours qu'elle savait employer, on crut pouvoir assurer que c'était sa propre police qui avait assemblé tous les éléments de cette affaire, et qu'elle n'avait eu d'autre but dans son organisation que d'amener à Paris le reste des partisans fidèles de la monarchie, ou peut-être que de porter un coup irréparable à l'influence militaire de Moreau. Il est certain que Bonaparte put s'en promettre ces résultats quand elle lui fut connue; mais il s'en fallait de beaucoup qu'il fût assez affermi alors pour oser hasarder une pareille tentative, qui, toute surprise qu'elle fût avant le moindre commencement d'exécution, mit cependant sa vie et son gouvernement en danger. Cette prévention est une de celles que les nombreux ennemis de la tyrannie accréditaient à dessein sans y donner de confiance, mais parce que l'effet qu'elles produisaient dans l'opinion était favorable à leurs desseins.

Ce qu'on peut présumer de plus raisonnable et de mieux fondé en vraisemblance, c'est que Moreau, assuré des soldats par sa gloire et de l'estime publique par ses vertus, depuis longtemps appelé par des espérances et même par des sollicitations presque unanimes à la délivrance de la patrie, et se trouvant chef d'une conspiration admirablement organisée, qui mettait dans ses mains les plus puissants moyens de changer la face des choses, ne dut pas balancer sur ce qu'il avait à faire et transiger avec une si grande destinée. Le rôle de restaurateur de la monarchie était le seul qui pût flatter sa sage ambition en garantissant le bonheur de son pays. Mais il n'était pas le maître absolu de ses moyens : il avait contracté avec les Philadelphes une grande responsabilité dont le despotisme inhérent à ses fonctions lui donnait trop de moyens de s'affranchir, mais qu'il n'était pas dans ses principes de rejeter légèrement surtout sans intérêt pour sa cause et pour le succès de ses desseins secrets. Il ne voulait rien hasarder, dans une si grande entreprise, sans s'être assuré des dispositions du roi, sans en avoir reçu l'énonciation immédiate, et sans avoir pourvu mûrement aux intérêts réciproques de la famille royale et de l'immense famille du peuple dont il faisait partie. Moreau ne pouvait établir aucune communication vague, aucun rapport intermédiaire pour arrêter un projet de cette importance, et il serait absurde de croire qu'il eût jamais traité avec le roi au nom des Français, et avec les Français au nom du roi, d'une manière si niaise et si étourdie. Il ne fallait pas d'autre preuve pour l'absoudre devant la raison, mais il ne fallait pas d'autre preuve pour le condamner devant la justice d'un tyran. Quand il a dit lui-même :

Comme depuis dix ans que j'ai fait la guerre, il ne m'est pas arrivé de faire des choses ridicules, on voudra bien croire que je n'ai pas fait celle-là, il a abordé la question importante de sa procédure, et il l'a fort bien résolue; mais que peut la force de la dialectique la plus éloquente sur un groupe de procureurs imbéciles investis de la judicature pour condamner les ennemis du premier bandit qui les soudoyait!

On vient de voir que Moreau avait à sa disposition tous les éléments d'une révolution inévitable qui l'aurait investi du pouvoir suprême pendant tout le temps nécessaire pour préparer un changement plus sensible et une régénération plus complète. Il le laissa entendre à Lajolais, qui en conclut qu'il n'y avait point de temps à perdre pour les royalistes; qui, toujours pressé d'être utile, au hasard de l'être à contre-temps, essaya de l'être cette fois-là plus à contre-temps que jamais, et dont la *hâtiveté* mal entendue empêcha l'effet des profondes combinaisons de Moreau. Cette indiscrétion de Moreau est la plus grande de ses fautes, parce que le caractère inconsidéré et la loquacité frivole de Lajolais réprimaient en quelque manière un pareil excès de confiance. Il fallait d'ailleurs toute l'impudence de Bonaparte pour oser dire aux Français que Moreau avait appelé Pichegru et avec lui soixante proscrits, obligés de chercher les ténèbres et d'éviter tous les yeux, pour exécuter un coup de main qu'il pouvait commander à six mille braves qui avaient la confiance du consul et l'accès de ses palais. Cent fois des ordres avaient été impatiemment demandés à Moreau pour l'enlèvement de Bonaparte ou pour sa mort, et cent fois il les avait refusés, parce qu'il craignait d'agir d'une manière trop prématurée, sinon quant à l'opération qui était extrêmement facile, au moins quant à ses résultats qu'il croyait devoir préparer plus lentement. Comment aurait-il accordé à des étrangers, quelque estimables qu'ils fussent d'ailleurs par leur dévouement loyal et leur intrépidité à toute épreuve, ce qu'il n'accordait point à ses compagnons d'armes, à ses amis, à ses frères? Et cependant il était sûr que ceux-ci ne démentiraient point ses promesses, ne contrarieraient point ses démarches, ne tromperaient point ses espérances! C'étaient des agents connus, unanimes dans leurs vues, inébranlables dans leur fidélité à sa personne, et qui, s'il faut le dire, appartenaient aussi absolument à Oudet et à Moreau qu'à l'État. Voilà peut-être un inconvénient remarquable des sociétés secrètes dans l'ordre naturel des nations. C'est qu'un homme de génie peut s'y mettre en balance avec la patrie et l'emporter sur elle.

Il serait donc souverainement injuste de faire un crime à Moreau de n'avoir pas voulu agir à la légère et sur la foi de quelques hommes, auxquels il était étranger par sa vie politique et par ses principes, quand il était le maître d'amener un résultat plus sûr et plus heureux par d'autres moyens. Les circonstances dans lesquelles il se trouvait étaient très différentes de celles que nous avons vues depuis; le défaut de communication immédiate avec l'étranger tenait beaucoup de citoyens dans une ignorance presque absolue des véritables dispositions du roi; on ne pouvait former sur les intentions qu'il rapporterait en France que des conjectures plus ou moins hasardées; et ce n'était pas sur des données pareilles que le chef d'un parti nombreux, qui lui accordait toute sa confiance, devait disposer du sort de ses camarades et de celui de l'Etat. Moreau avait marché dans les rangs de la révolution; il était lié par ses opinions, par ses faits d'armes, par sa gloire tout entière à cette mémorable époque des temps modernes; destiné en quelque sorte à la vie républicaine par la sévérité de ses mœurs, par la pureté inaltérable de sa probité antique et par l'indépendance de sa grande âme, il avait renoncé à voir cette forme de gouvernement s'établir dans sa patrie, parce qu'une malheureuse expérience lui en montrait tous les jours les inconvénients sous des couleurs plus sensibles; mais il ne renonçait point à voir le gouvernement monarchique, tempéré du moins par des institutions sagement libérales; il ne voulait pas que des réactions cruelles coûtassent de nouveaux torrents de sang français à cette nation déjà épuisée par les guerres civiles. Son espoir était de remettre le pouvoir dans les mains du roi légitime, il est impossible d'en douter; mais il se promettait de le lui remettre librement, de lui-même, et pour accéder au vœu de la justice plutôt que pour fléchir sous la loi de la nécessité. Il aurait craint qu'une transition trop brusque, dans l'état des choses, ne s'opérât pas sans des secousses plus violentes encore qu'aucune de celles que nous avions ressenties, sans des déchirements qui achèveraient la dissolution du corps social et la perte du royaume. Il pensa, dès les premières ouvertures qui lui furent faites au nom de Pichegru, ou par Pichegru lui-même, qu'il n'y avait point de mode de restauration plus dangereux que celui auquel on voulait l'associer. Ce plan n'offrait rien en effet qui ne fût propre à effrayer une partie nombreuse et puissante de la nation, ou, pour mieux dire, la nation tout entière, en exceptant seulement quelques hommes très prononcés pour la monarchie pure, qui n'ont jamais été fort nombreux, et qui l'étaient alors beaucoup moins qu'ils ne le sont devenus, quand le danger d'être royaliste a cessé. Les braves arrivés de Londres n'étaient pas de ces gens modérés, de ces esprits conciliateurs dont l'existence morale et la prudence éprouvée peuvent offrir quelque garantie à l'opinion, quelque titre à la confiance. Pichegru lui-même, qui porte peut-être un des noms les plus respectables que l'histoire ait consacrés depuis Épaminondas (1), savait si bien qu'on était parvenu à lui aliéner la plupart

1. L'imagination de Nodier se donne encore plus librement carrière dans cette assertion que dans beaucoup d'autres, que le lecteur aura remarquées au

des citoyens et des soldats, qu'il ne pensait pas qu'on pût rien effectuer sans Moreau, dont la réputation n'avait pas été, comme la sienne, compromise par le mensonge et altérée par la calomnie. Georges (1) ne devait sa gloire militaire, sur laquelle on n'était d'ailleurs pas bien d'accord, qu'aux événements d'une insurrection glorieuse et légitime sans doute, mais qui n'en passait pas moins pour coupable aux yeux de la foule ; et des journaux dociles l'avaient travesti mille fois en voleur, en assassin ou en incendiaire. Parmi ses compagnons, il était des jeunes gens de la loyauté la plus franche, du courage le plus noble : des hommes moins distingués par l'éclat d'une naissance illustre que par leur bravoure chevaleresque et leur pieux dévouement à la cause d'un roi malheureux ; mais personne ne les connaissait dans l'intérieur, où ils pénétraient pour la première fois depuis leur émigration. Enfin, il serait inutile de le dissimuler, à cette élite de héros on avait adjoint quelques aventuriers, distingués seulement par leur audace ou leur férocité, propres à exécuter un coup de main, et, par conséquent, très utiles à la réussite d'une tentative qui dépendait d'un coup de main, mais trop dignes peut-être du nom général dont on eut l'insolence de qualifier les conjurés. Je ne regarde point l'emploi qu'on se proposait d'en faire comme une vue fausse ou condamnable, mais je conviens qu'il y avait de quoi donner lieu à quelques préventions de la part de quiconque était pressé d'entrer dans le plan de Pichegru, et de courir la chance de ses résultats. Ce que je remarque est si vrai, et le défaut d'harmonie des éléments de la conspiration était déjà si sensible, qu'il y avait une scission de volonté et d'intérêts passablement manifeste dans cette société de malheur, que la vengeance de Bonaparte parvint à frapper. Que serait-ce, si elle avait triomphé de Bonaparte, et que chacun eût été abandonné à l'essor de ses passions ? Les pièces de la procédure témoignent fort clairement que Pichegru était embarrassé de Georges, et ne l'avouait qu'avec peine ; de son côté, Georges et les siens se sentaient entraînés dans un tourbillon étranger, sans volonté, sans action propre, utiles par leur dévouement seul, et ménagés seulement parce qu'ils étaient utiles ; leurs subalternes ne leur inspiraient que du mépris, et c'est au point qu'ils dédaignèrent de les embrasser sur l'échafaud, où tous les hommes sont égaux, surtout quand ils meurent pour la même cause. Entre les uns et les autres s'élevait

passage, sans que nous ayons besoin de les lui signaler. Pichegru, en 1795, accepta de trahir sa patrie pour un million, le château de Chambord, 200.000 livres de rentes, et laissa volontairement battre ses troupes par les Autrichiens. Devenu suspect au Directoire, il fut révoqué à temps (1796) pour le salut du pays.

1. Georges Cadoudal, ancien chef de chouans. Impliqué avec Pichegru dans un complot contre le Premier Consul, il fut condamné à mort et exécuté le 25 juin 1804.

le patriciat de la conjuration, quelques gentilshommes, élevés en gentilshommes, et accoutumés à mépriser tout ce qui n'a pas reçu cette illustre faveur du hasard qu'on appelle la noblesse, mais qui consentaient à prêter momentanément leur cœur et leur épée à Moreau et Pichegru, qui pouvaient beaucoup pour la monarchie et pour eux. Cette opération avait donc trois têtes diverses et point d'unité. Elle était donc mal conçue, maladroite et dangereuse, et c'est ce qu'elle parut à Moreau, qui était assez sûr de son fait pour ne vouloir rien donner au hasard. Il est à remarquer, en passant, que de ces trois classes d'hommes opposés en esprit, mais qui tendaient à un but commun, une seule fut frappée. Bonaparte épargna les nobles pour ne pas irriter des familles qui exerçaient encore une grande influence dans l'État, à l'instant où il y prenait si insolemment le rang suprême. On verra quelles considérations sauvèrent Moreau et les adhérents que l'on crut lui trouver, devant le tribunal qui les avait condamnés d'avance, et qui les ménagea par une réticence dont l'explication a manqué jusqu'ici. Les hommes de Georges, qui s'étaient faits les instruments dévoués mais passifs de la conspiration royale, furent livrés au dernier supplice, parce qu'il n'y avait nul intérêt à les laisser vivre et peu de danger à les faire mourir. Leçon terrible et cependant perdue pour cette partie saine et fidèle de la nation, qui ne consulte que ses affections et son jugement dans l'élection de la cause qu'elle embrasse ; qui meurt pour elle, souvent sans gloire, parce que l'histoire dédaigne ses titres modestes ; qui jouit de ses triomphes, presque toujours sans récompense, parce que la postérité oublie les services obscurs ! Il est vrai qu'il y a une consolation dans tout cela pour ceux qui voient bien les choses : c'est que ceux qui sont morts sont précisément ceux qui n'auraient pas gagné à vivre.

Moreau n'avait certainement pas l'intention de régner, que Pichegru lui reprochait dans un moment d'humeur, par un propos constaté aux débats. Moreau, je le répète, désirait que le pouvoir ne rentrât pas dans les mains des Bourbons, sans une transition dont il pouvait seul occuper l'espace, et au moyen de laquelle il aurait arrêté avec eux une espèce de pacte social ou de traité conciliatoire. Ce que j'avance, avec quelque certitude, sera peut-être un grief contre Moreau, aux yeux des casuistes en politique, des législateurs routiniers, qui ne conçoivent pas qu'un sujet se soit trouvé une fois, dans toutes les hypothèses de l'histoire, obligé de discuter et d'établir avec son roi une transaction de puissance à puissance ; mais c'est qu'il y a une puissance que ces grands observateurs ne connaissent pas, et dont l'expérience seule peut calculer les forces : la puissance des événements.

Si le caractère du roi avait pu être connu de Moreau, qui était si digne de l'apprécier, si Moreau avait pu prévoir alors tout le bonheur qui attendait son pays sous le gouvernement paternel de

Louis XVIII, il n'aurait pas hésité sans doute à remettre les destinées de la France entre ses mains, par les premiers moyens qui lui auraient été offerts; mais encore, il aurait fallu pour cela que les volontés expresses du roi lui eussent été notifiées d'une manière claire, d'une manière authentique, et qu'il n'eût pas risqué de compromettre la haute responsabilité à laquelle sa réputation le soumettait, pour une entreprise désavouée. La parole de Pichegru était, à son égard, une caution très puissante des intentions du souverain, et Moreau connaissait trop Pichegru pour lui refuser la foi qu'elle méritait; mais il paraissait que l'opération elle-même avait été donnée au hasard, et laissée à la merci de toutes les modifications que les circonstances y pouvaient apporter; il était même impossible qu'on l'eût arrangée autrement, et qu'on eût pressenti de si loin des chances si incertaines et si multipliées. Qui pouvait répondre alors que le roi ne se trouvât pas obligé de méconnaître des mandataires, ou infidèles, ou hasardeux, ou inconsidérés, dont le zèle n'aurait pas légitimé les procédés, s'ils avaient froissé l'intérêt public, révolté l'opinion et compromis la paix? Quel gage de sécurité Moreau avait-il reçu pour la révolution et pour lui? Comment aurait-il expliqué son dévouement crédule et sa docile témérité, s'il n'en avait recueilli d'autre résultat que le mécontentement de la nation et la dénégation du Roi? Le voyage inopiné de Pichegru et des royalistes qui accompagnaient lui prouvait qu'on avait mal interprété à Londres quelques mots jetés au hasard, dans une conversation confidentielle. Qui empêchait que les émissaires, dont il était entouré, n'interprétassent aussi faussement les faits qui avaient déterminé leur démarche, et ne jugeassent aussi mal des résultats qui devaient en être l'objet? Une conspiration préparée hors de France, par des hommes qui ne voyaient la France qu'en souvenir, et qui en avaient oublié l'esprit, ne pouvait réussir que par un de ces caprices du sort auxquels Moreau n'avait pas le droit d'abandonner sa fortune, tant qu'il lui restait des services plus essentiels et plus certains à rendre à la patrie.

Je ne crois pas qu'il y ait une autre manière raisonnable d'envisager les choses, et que personne ait le droit de juger Moreau sur les suites malheureuses de son hésitation, sans égard à la situation fausse et forcée dans laquelle il se trouvait. Il m'est cependant prouvé que cette hésitation même n'a pas été aussi timide qu'on le croit généralement, et que Moreau, dans l'étrange hypohèse où l'indiscrète confiance de Lajolais l'avait placé, aperçut le seul parti qu'il y eût à prendre en pareil cas, et le proposa franchement à Pichegru, lors de leur dernière entrevue. Après avoir exprimé, avec beaucoup de force et de clarté, les raisons qui l'empêchaient de prêter à la conspiration elle-même l'autorité de son nom, il ajouta qu'il ne voyait point d'inconvénient à l'accomplissement du plan des conjurés, qui était de l'exécution la plus facile, à cette époque où Bonaparte, encore mal assuré dans son usurpation, n'affectait pas tout à fait les formes extérieures de la tyrannie, et se laissait approcher, au moins par les militaires. Il engagea Pichegru à remettre la responsabilité de cette expédition aux hommes entreprenants dont il était accompagné, en abandonnant à la force des choses les effets indubitables qui devaient la suivre. Il n'était pas possible qu'après l'enlèvement de Bonaparte, le Sénat jetât les yeux sur un autre que sur Moreau, pour lui confier les rênes de l'État et le faire rentrer dans les attributions du premier consul. Une fois arrivé à ce point, Moreau, investi d'un grand pouvoir, soumettait la charte à son roi et lui rendait le trône ; mais il le lui rendait au nom de la nation, et après avoir traité pour elle. Sa dictature n'était qu'une transition douce entre la tyrannie et le gouvernement légitime ; mais cette transition rassurante prévenait tous les dangers et conciliait tous les intérêts. Elle effraya cependant les royalistes, que la perfidie de Bonaparte avait accoutumés à la défiance, et qui craignirent de faire des frais inutiles de dévouement pour servir l'ambition d'un nouvel usurpateur. Ces inquiétudes réciproques, ces réticences alternatives qui résultaient du défaut fondamental de la conspiration, c'est-à-dire de la discordance de ses éléments, la firent traîner en interminables délais et en occasionnèrent la ruine.

Le Gérant : Henri Gautier.

Pour paraître Samedi prochain

LES CONSPIRATIONS MILITAIRES
CONTRE BONAPARTE

PAR

CHARLES NODIER

Après avoir étudié l'organisation des *Philadelphes,* Charles Nodier entre dans le détail des conspirations militaires contre Bonaparte : complots de Moreau, Pichegru et Cadoudal, complot de Malet. Cette fois encore, nous devons faire observer que l'imagination tient une grande place dans le récit du brillant écrivain. C'est un peu le roman de l'histoire, mais un roman si attachant, d'un style si entraînant, que nos lecteurs nous sauront certainement gré de l'avoir admis dans notre collection.

EN PRÉPARATION :

N° 75. — Ch. Nodier. **Les Conspirations militaires contre Bonaparte.**
N° 76. — Gal Dumouriez. **La Bataille de Jemmapes** (6 Novembre 1792).
N° 77. — Commandant Rousset. **Sedan.**
N° 78. — Quinte-Curce. **La Bataille d'Issus.**

IMP. NOIZETTE ET Cie, 8, RUE CAMPAGNE-1re, PARIS.

Paris. — Imp. Charaire et Cie, 102, faubourg Poissonnière.

www.ingramcontent.com/pod-product-compliance
Ingram Content Group UK Ltd.
Pitfield, Milton Keynes, MK11 3LW, UK
UKHW020947220726
13924UKWH00002B/538